BYZANCE ET STAMBOUL

NOS DROITS FRANÇAIS ET NOS MISSIONS EN ORIENT

CONFÉRENCE

Par M. l'Abbé CHARLES LAGIER

SOUS-DIRECTEUR DE " L'ŒUVRE DES ÉCOLES D'ORIENT "

Prix : 1 franc

PARIS

BUREAU DE L'ŒUVRE DES ÉCOLES D'ORIENT
20, RUE DU REGARD, 20 (VIᵉ ARRᵗ)

BYZANCE et STAMBOUL

NOS DROITS FRANÇAIS ET NOS MISSIONS EN ORIENT

BYZANCE ET STAMBOUL

NOS DROITS FRANÇAIS ET NOS MISSIONS

EN ORIENT

CONFÉRENCE

Par M. l'Abbé CHARLES LAGIER

SOUS-DIRECTEUR DE " L'ŒUVRE DES ÉCOLES D'ORIENT "

Prix : 1 franc

PARIS

BUREAU DE L'ŒUVRE DES ÉCOLES D'ORIENT

20, RUE DU REGARD, 20 (VIᶜ ARRᵗ)

PRÉFACE

————

Cher Monsieur l'Abbé,

Je tiens à vous féliciter de votre belle conférence sur *« nos droits français* et *nos missions en Orient »*. Elle fera mieux connaître et mieux aimer ce cher Orient, et surtout, elle montrera l'exceptionnelle importance du protectorat séculaire de la France sur les missions et les chrétiens du Levant.

Ce protectorat que nos adversaires de l'étranger convoitent, parce qu'il a été pour nous la source de tant de prestige moral, de tant d'influence politique, et qu'il maintient encore notre prépondérance dans les échelles du Levant, certains de nos gouvernants, dans leur rage insensée contre le catholicisme, se montreraient disposés à l'abandonner! Ces byzantins de la décadence ne savent rien de l'histoire du passé; ils ferment les yeux pour ne pas voir les événements terribles qui se précipitent au dehors et semblent vouloir changer, avant peu, la carte du monde. Une seule chose les absorbe : la guerre criminelle qu'ils font à la Religion et aux catholiques, cette masse énorme de Français!

Pendant que nos rivaux se disposent à prendre notre place en Orient et s'y disputent déjà notre patrimoine national; pendant que le joug impur et sanguinaire de l'Islam continue à peser sur les populations chrétiennes de l'Arménie et de la Macédoine, et que les pillages, les viols et les déprédations de tous genres portent à son comble l'exaspération de ces malheureux chrétiens; pendant que nos colonies sont convoitées et seront bientôt sérieusement menacées; pendant que la race jaune prépare ses futures invasions contre les peuples chrétiens de race blanche; pendant que les barbares de l'intérieur montent à l'assaut du pouvoir et se préparent déjà au bouleversement général qu'ils ont mis en tête de leur programme, nos prétendus hommes d'État et nos assemblées parlementaires n'ont d'autre souci que de faire la guerre au Vatican, de dépouiller l'Église et d'appauvrir le clergé séculier, de fermer les écoles religieuses et de traquer les moines qu'ils n'ont pas encore expulsés.

En dehors de ces exploits de sectaires et de déments, ils ne savent rien : ils ignorent le glorieux passé de la France lorsque, avec la collaboration du Pape, des Évêques et des missionnaires, elle accomplissait, avec tant de profit pour elle-même, sa mission civilisatrice dans le monde ; ils ne comprennent rien aux éléments incomparables qui constituent le génie expansif et généreux de notre nation, tel que le catholicisme l'a façonné.

C'était cependant un avantage politique inappréciable et un honneur envié que de grouper, comme autrefois, autour de l'hégémonie française, les catholiques du monde entier, et d'exercer ce droit séculaire, que nous concèdent les capitulations et les traités internationaux, de protéger les chrétiens d'Orient, d'être le mandataire de l'Église, dans ces vastes régions, où catholique est synonyme de français (*Frangi*), où toute question politique devient, par la force des choses, une question religieuse qui relève de la nation protectrice, de présider ainsi aux intérêts supérieurs de la civilisation chrétienne dans le monde.

Dans le plan divin, chaque peuple a son rôle historique, une sorte de mission spéciale à remplir ; et aucune nation ne saurait prospérer ni vivre, en dehors des traditions et des lois historiques qui ont présidé à sa formation. Or, la raison d'être de la France, fille aînée de l'Église, c'est d'être catholique ; sa mission séculaire a toujours été d'être apôtre. C'est ce qui a fait sa gloire et sa force dans le passé, c'est ce qui lui maintiendra, malgré tout, son influence et sa place prépondérante dans le monde.

On ne marche pas impunément contre l'histoire. L'opinion publique pourra peut-être s'incliner, pour un jour, devant la brutalité de la force ou d'une loi mauvaise, mais elle ne renoncera jamais à la diminution de son domaine national et, finalement, elle saura bien exiger que la France continue à exercer, comme dans le passé, le rôle glorieux qu'elle remplit en Orient où, d'ailleurs, le développement de nos œuvres françaises va toujours croissant. Ceux qui ont voulu les entraver se sont brisés contre une force supérieure, car elles sont manifestement bénies de Dieu, et quand Dieu veut une œuvre, il sait bien la faire aboutir, malgré l'opposition et le mauvais vouloir des hommes.

Nous continuerons donc tous nos travaux commencés ; nos missionnaires et nos religieuses ne se laisseront pas arrêter par l'injustice et l'odieuse persécution dont ils sont les victimes : « Nous avons au cœur deux passions qu'on ne nous arrachera jamais, répétait souvent le cardinal Lavigerie : l'amour de l'Église et l'amour de la France ! » Malgré toutes les violences, toutes les ingratitudes et tous les abandons officiels, nous servirons quand même notre pays, sur toutes les plages du Levant.

Quand bien même les politiciens qui continuent à violenter nos consciences, se refuseraient, par surcroît d'aveuglement, à affirmer le protectorat officiel qui a donné, pendant si longtemps, à notre pays la première place en Orient, nous y maintiendrons, avec nos Écoles et nos Missions, le *protectorat de la charité*.

Les catholiques français, j'en ai la conviction, nous aideront à conserver, là-bas, notre mission glorieuse entre toutes. Ils comprendront la nécessité de faire, dans ce but, un effort d'autant plus généreux que nos écoles et nos missions sont aujourd'hui les seules à maintenir, à notre patrie, sa situation prépondérante d'autrefois et son rôle historique, tant enviés de nos rivaux. Seules elles gardent ce protectorat séculaire dont le colonel Marchand, le héros de Fachoda, disait très justemeut dans un récent article : « *Pour reforger, si on le casse, un outil d'influence extérieure, comme le protectorat catholique d'Orient, il faut environ mille ans !* »

F^x CHARMETANT,
Protonotaire apostolique,
Directeur général des Œuvres d'Orient.

BYZANCE ET STAMBOUL

NOS DROITS FRANÇAIS ET NOS MISSIONS
EN ORIENT

Parmi tous nos rêves se trouve souvent celui de faire un grand voyage. Ce rêve, surtout chez les esprits instruits, chez les âmes capables de noble curiosité, tombe à peine, paraît-il, avec les vieilles années.

Nous cherchons à sortir, au moins une fois, de toute notre existence quotidienne, afin de pénétrer en des horizons absolument étrangers aux nôtres et à notre habituelle vision. Nous voulons aller loin, voir de beaux pays, y cueillir et en rapporter de grandes émotions.

Entre toutes ces excursions rêvées il en est une incomparable de situation, de beauté et de souvenirs.

Sa première étape demande quatre ou cinq jours de navigation. C'est un lointain voyage.

Les contrées à visiter sont belles. Toutes couvertes de ruines, restes de peuples, épaves nombreuses, desséchées par la désolation mahométane, elles resplendissent cependant magnifiquement, étrangement sous un soleil tout à fait insoupçonné.

Les **émotions**, les enseignements à recueillir et à garder précieusement sont uniques. En Égypte, auprès des vieilles pyramides, les pieds dans le sable, en face du grand désert ; ou encore à Jérusalem, dans quelque silencieuse ruelle de cette ville où l'impression de l'immense sépulcre fait taire jusqu'aux bruits des caravanes, il y aura, pour aller jusqu'à mon âme, plus de voix pressantes que je n'en entendrai dans le tumulte de nos capitales modernes. Le monde de notre civilisation présente est facilement connu de nous jusqu'à la satiété. Sur les alignements des boulevards tout neufs, sur les perspectives des avenues, en Europe, comme en Amérique, la vie la plus contente touche de trop près à un matérialisme épais, bruyant et monotone. Aucune esthétique n'épuise plus vite nos désirs d'apprendre. Là-bas, au contraire, sur cette terre endormie sous une jachère de dix siècles, sur ce sol délaissé assurément, mais lourd de souvenirs, comme la mémoire d'un très illustre vieillard, sur ce célèbre promontoire par où l'Asie s'avance vers l'Europe, la gaîté du voyageur sera moins pesante, sa joie plus délicate, sa vie se spiritualisera davantage, elle s'élèvera bien plus haut pour voir bien plus loin.

Il s'agit, vous l'avez compris, d'un voyage à la plage orientale de la Méditerranée, d'un voyage en Orient, au pays des berceaux et des tombes, berceau et tombe de Jésus-Christ, berceau et tombe d'une foule de nations.

Nous allons faire aujourd'hui ce voyage en esprit seulement. Puissé-je vous inspirer de l'accomplir plus tard en réalité !

Vous me suivrez de vos attentions soutenues, m'aiderez de votre indulgente sympathie ; et, avec vos intelligences ouvertes, nous irons ensemble vers cette contrée de laquelle l'un de ses historiens les plus autorisés disait : « Ce pays, à qui nous donnions jadis notre langue et nos mœurs, nos trésors et notre sang, et qui devrait en partie nous revenir, par la puissance des souvenirs, par le droit de la gloire, cette terre orientale et sainte dont la poussière a rendu plus sacrées les bannières françaises de nos aïeux les croisés, intéresse ce qu'il y a de noble, de profond et d'énergique en nous : la science, la foi, le patriotisme (1) ».

*
* *

Les frontières assez générales de ce qu'on nomme l'Orient, ou le Levant proprement dit, ne vont pas plus loin à l'est, que la Perse et les échancrures du golfe Persique et qu'Aden. Au sud, ce sont le haut Nil et le désert d'Afrique ; au nord, le Caucase et les grands lacs de la mer Caspienne et de la mer Noire. Vers l'Occident, ces limites paraissent être le point où commencent, en deçà des Balkans, les nations d'Europe qui ne sont pas la Turquie, la Grèce ou les États du bas Danube.

(1) Poujoulat, Histoire de Jérusalem.

Pour vous satisfaire, il me suffirait, dans ce voyage, d'aborder quelque part, au fond de la Méditerranée, vers l'une de ces villes maritimes du Levant. Sur la côte d'Asie, elles regardent la mer et, du haut de leur amphithéâtre, elles sont si blanches, si coquettes qu'elles paraissent sourire aux navires qui approchent. En ces régions de pure et brillante atmosphère, en ces pays de mirages, les lointains aspects ont toujours un charme et comme un appel d'accueil. Nous pénétrerions dans la cité, nous y visiterions nos établissements français. Des jeunes gens, des jeunes filles, des orphelins, des apprentis ouvriers, sous le drapeau de la France, nous y fêteraient. Nos chers petits clients nous hospitaliseraient tout de suite à leur manière, avec leurs yeux arabes pleins de joie et l'éclat de leurs prunelles de jais. Quel plaisir pour eux de montrer comment ils parlent bien notre langue, comment ils usent de nos bienfaits et aiment leurs maîtres, nos religieux ! L'étude détaillée d'une seule de nos importantes maisons d'Orient, travaillant toutes ardemment, au nom de notre nation, à relever des ruines d'âmes, rendrait nos cœurs très fiers. Nos compatriotes, habitant l'étranger, se comprennent et s'entendent tous. Prêtres et laïques, ils sont bien obligés, sous les yeux de l'ennemi envieux, de ne pas discuter sur la vocation de la France, et d'en suivre la tradition nécessairement apostolique. La constatation de la concorde qui unit tous les Français à l'étranger, nos consuls et nos moines, la vue de toute cette activité nationale, sur une pareille terre, vous serait immédiatement une consolation. Vous y trouveriez un puissant *sursum corda*, une heureuse distraction à nos zizanies de l'intérieur, à ce retour, chez nous, trop prolongé et très énervant des temps huguenots.

Toutefois, au lieu de procéder, aujourd'hui, par une narration de détails, par des indications isolées, autorisez-moi à jeter un coup d'œil synthétique sur la splendeur du monument qu'ont renversé, en Orient, les esprits pervers et barbares de Byzance, et après, la main plus barbare encore de Mahomet. Si je vous montre bien la céleste grandeur de l'œuvre ruinée, vous comprendrez mieux, peut-être, avec l'étendue du mal, la nécessité de refaire lentement cet édifice. Ensuite, dans une autre considération, vous serez contents de voir la France politique aider de sa protection cette œuvre de restauration, et la France religieuse y employer ses plus délicates réserves de propagande et de suave charité.

I

Après les mystères de Bethléem, du Calvaire et de l'Ascension, l'air pur, soufflant de Judée, chassa rapidement les miasmes de paganisme et de barbarie qui étaient presque toute l'atmosphère morale du vieux monde en général et de l'Orient en particulier. Après Jésus la révolution fut énorme, sous le doux et puissant effort de ces hommes qui avaient le nom d'apôtres. Aucune tempête

n'arrêta l'essaim des croyances nouvelles et des passions
sanctifiées. Les persécutions, les chaînes, le fer, le feu,
rien ne vint à bout des disciples du Christ. Sans s'arrêter,
ils suivaient le divin Maître qui leur avait tracé un programme de douceur et la voie sanglante où tant d'autres
devaient passer après Lui. Ils gardaient chétive apparence.
Ils n'étaient pas des perturbateurs. Quelle différence avec
les futurs apostolats criards et insolents de Byzance et de
Mahomet! Dépourvus de toute ostentation extérieure, ils
ne heurtaient rien violemment. On n'entendait résonner
qu'une tranquille parole, ou les très faibles gémissements
des chrétiens qui succombaient dans dix persécutions.
Mais, des artères tranchées par les mortelles caresses des
fauves ou par les glaives prétoriens, jaillissaient le nombre
et la force. L'invisible victoire montait. Un jour, c'était
au matin du quatrième siècle, sur les gradins des amphi-
théâtres, où il y avait volupté à voir mourir les chrétiens
dans les arènes sablées, les éclats de rire des césars païens
et des vestales s'éteignirent. Dans cette gorge nerveuse
du paganisme, où venait de s'apaiser la bruyante moque-
rie, commença le râle de l'agonie. Aussitôt les citadelles
païennes tombèrent. Les fêtes religieuses et idolâtriques
d'Adonis et d'Isis, qui étaient le comble de l'impudeur,
cessèrent en Égypte. Les encensoirs ne fumèrent plus
devant la grande Artémis d'Éphèse que garde actuelle-
ment l'un de nos musées. Les Phéniciens honteux, dé-
laissèrent le temple de Baal dont les ruines bouleversées
et colossales intéressent tant encore les explorateurs de la
Syrie. Les dieux, en déroute, après avoir disputé, pied

à pied, le terrain que leur ravissait la Croix, fuyaient de toutes parts avec Minerve et Jupiter. Plusieurs d'entre eux n'eurent plus comme abri que les échoppes des faubourgs. La *palingénésie* ou renaissance était complète.

Du deuxième au cinquième siècle s'opéra, en Orient, cette laborieuse, mais immense transformation. Des églises prospères furent érigées partout. Les persécutions romaines, en immolant des multitudes de chrétiens, jusqu'aux confins orientaux de l'Empire, fournirent à toutes ces églises, des traditions et des gloires, des ossements et du sang pour tous leurs autels nouveaux, bâtis liturgiquement sur ces reliques sacrées, comme sur le plus ferme des ciments.

Il y eut des saints illustres, sur les sièges épiscopaux d'Antioche, d'Alexandrie, de Jérusalem, d'Éphèse, de Césarée, chandeliers ardents autour de Constantinople.

Les monastères, de leur côté, se multiplièrent avec rapidité. Saint Jean Chrysostome les voyait illuminer les déserts d'Égypte, comme les astres illuminent le firmament de ces contrées dont les nuits sont si radieuses.

En même temps, des anachorètes, cherchant l'isolement plus loin que les monastères, s'enfonçaient dans les sables ou se cachaient dans les rochers. Je salue ici non seulement des hommes comme Paul, Hilarion et Antoine, mais aussi des femmes vivant seules de cette vie érémitique. Elles préféraient le voisinage des halliers et des bêtes féroces, au delà de Thèbes, et au delà du Jourdain, au voisinage et à la corruption des villes.

En 1900, je me trouvais, un soir, en Galilée, et sur les hauteurs qui dominent, à l'ouest, le lac de Tibériade. C'est le canton où Jésus prêcha une grande partie de sa doctrine. Il y prépara l'éclosion divine de ces joies, alors étranges, dont les tout premiers rayons furent perçus par les pêcheurs du lac. Comme tous les voyageurs le font, je voulais découvrir sur ce sol, sur ces horizons profondément dévastés, fermés à la vie, abandonnés de Dieu, les lieux où a passé le Sauveur. Où est l'empreinte de ses pieds? L'humanité la cherche et ne trouve presque rien. Au nord-ouest, des ruines indécises semblent indiquer l'emplacement de Capharnaüm. Et puis le lac, deux ou trois petits villages bien pauvres, quelques lauriers-roses, mêlés à des tamaris et à des câpriers, quelques fleurs, voilà tout ce qui reste de cette contrée si riante autrefois, si désolée aujourd'hui et où retentissent pourtant les noms de Bethsaïde et de Magdala, de Marie la pécheresse, des disciples et du Centurion. Mais elle est là cette petite mer qu'un mot du divin Galiléen calmait dans la colère de ses vagues! C'est bien là que se faisait la pêche miraculeuse et que semblait sombrer la barque du pêcheur Pierre! Des groupes innombrables d'oiseaux nageurs parsemaient l'azur du lac, comme des nuages en mouvement sur le ciel. Les bords étaient éblouissants de lumière. Les eaux célestes et transparentes, profondément encaissées entre des roches brûlantes, me semblaient à moi, qui les regardais du haut de la montagne, occuper le fond d'une immense coupe dont les parois ensoleillées étincelaient de feu. Je revoyais

les Apôtres, leur existence bercée doucement sur cette
mer si enchanteresse alors que le charme de la végétation s'ajoutait au charme du soleil. Je me représentais
l'enivrement de leur vie, leur sommeil sur le bord de
ces eaux, la tête appuyée sur une pierre, les songes de
leurs nuits passées à la clarté des étoiles, leurs songes,
quand Jésus leur avait parlé tout un jour du Royaume
de Dieu !... Quel est l'homme, me disais-je encore, qui
peut s'asseoir sur cette terre sans songer à sa destinée ?...

Le spectacle de mes yeux et de ma pensée était fée-
rique. Ah ! la Galilée reste bien l'emplacement de l'opu-
lent banquet spirituel que présida le Christ ! Les tables
en sont emportées, c'est vrai ; mais, quand même, toujours, à cette place du festin, l'esprit du pèlerin pourra
glaner des souvenirs, ramasser pour lui des miettes sans
cesse renaissantes. Son cœur en débordera comme l'une
des douze corbeilles remplies après le repas de la multi-
plication des pains. Moi, j'en avais assez pour contenter
mon âme de prêtre catholique.

Pourtant, je me le rappelle comme si c'était hier, le
savant religieux qui m'accompagnait, à tous ces souvenirs évangéliques en voulut ajouter un autre, un souvenir de l'Église chrétienne en Palestine. Il me montra,
au delà du lac, les plateaux ondulés et rocheux de la
Pérée. En les suivant du regard et du doigt, il me
désignait cette longue terrasse qui court vers le sud,
servant de chevet oriental au Jourdain et à la mer Morte.
« C'est là-bas, me dit-il, plus bas encore, que vécurent,
en si grand nombre, des anachorètes des premiers siècles

de notre ère. » Vers ces rochers, sur ces pentes rocailleuses, dans cet affreux pays, il y a des cavernes, à peu près inaccessibles : elles étaient l'habitation des solitaires. Le sable du désert n'a pas gardé la trace de leurs pieds nus, mais l'Église, qui a hérité de tous les parfums de la Judée, n'a pas perdu celui de leurs méditations et de leurs rêves.

C'est près de ces endroits, en plein désert, qu'était Marie l'Égyptienne. Cette âme étonnante y vécut près d'un demi-siècle absolument ignorée. Un hasard providentiel conduisit, un jour, vers les lieux de sa retraite, un moine de haute vertu, Zozime. Il la rencontra dans une excursion. Elle lui demanda de lui apporter la communion. Il le fit cette année et les suivantes. A chaque retour de printemps, il venait dresser, sous le soleil, cette table eucharistique, oasis d'un jour, mais oasis dont le réconfort et le souvenir laissaient, dans l'âme de l'Égyptienne, une fraîcheur désaltérante plus douce encore que les songes de la Galilée au temps où la Galilée entendait Jésus, et qu'elle était sous l'enchantement de son beau prophète.

Une dernière fois, Marie ne parut pas au rendez-vous. Zozime la chercha longuement et trouva enfin son cadavre étendu sur le sable, les mains jointes, et, à côté, cette inscription : « Zozime, ensevelissez ici le corps de la misérable Marie. » Avant d'expirer elle avait préparé et écrit ce testament d'humiliation chrétienne, sur une feuille que les vents du désert ne devaient pas emporter, puisqu'il y a des âmes qui la méditent encore.

Sainte Potamienne, sainte Thècle d'Icone, sainte Apollonie d'Alexandrie, sainte Barbe de Nicodémie, sainte Marie l'Égyptienne, sainte Paule, saint Épiphane, saint Jérôme, saint Cyrille, saint Athanase, saint Jean Chrysostome, etc. Que de roses, que de palmes, que de lis pour parer la sainte façade de l'Église d'Orient aux premiers siècles du christianisme! *Uxor tua sicut vitis abundans in lateribus domus tuæ* (1). O Christ! ton épouse d'ici est belle comme la vigne féconde sur la façade orientale d'une demeure!

*
* *

Faut-il le dire?... Ce fut cette façade qui tomba, sous la secousse des hérésies successives, sous l'ébranlement du schisme. Les erreurs d'Arius, de Nestorius, d'Eutychès, commencèrent à détruire l'union chrétienne orientale. Serpents venimeux, elles mordirent au cœur chacune de ces nombreuses nations d'Orient. Elles les énervèrent de mesquin orgueil et de faiblesse, les enfiévrèrent de discussions théologiques et les empoisonnèrent de haines profondes.

Ensuite la jalousie de Constantinople contre Rome, premier vice féminin de cette métropole, à l'heure historique où lui revint le nom de Byzance, continua l'œuvre de destruction. Ses empereurs dirigèrent ou partagèrent

____

(1) Ps. cxxvii.

ses fureurs d'envie. « Ils tournèrent leur démence du côté
de la théologie, dit J. de Maistre, pour la feuilleter, la
discuter, la bouleverser. La souveraineté romaine, en s'as-
seyant sur ce trône, saisie par je ne sais quelle influence
magique, perdit la raison pour ne plus la recouvrer.
Les résultats sont connus. On dirait que la langue française a voulu faire justice de cet empire en le nommant
Bas (1). » Des patriarches et des évêques infidèles se
firent placer sur des sièges illustres, pendant que la dé-
pravation sans voiles vivait sur les trônes des Césars. La
sanctification des âmes s'arrêta subitement. « Toute cette
civilisation chrétienne, venue du Calvaire, chancela, en
Orient, en descendant des sommets jusqu'aux profon-
deurs du Bas-Empire (2). » Byzance devint une sentine de
vices et de débauches. Des impératrices tristement célèbres ceignirent le diadème. Elles menèrent l'immoralité
impériale à ces extrémités que seule peut connaître la
femme perverse. Avec les Eudoxie, les Théodora et les
Zoé, l'Église d'Orient, épouse infidèle du Christ, eut des
cyniques paranymphes pour la conduire à des fiançailles
illégitimes. Les dieux du paganisme quittaient les échoppes des faubourgs pour faire leur entrée triomphale dans
le palais des empereurs. Théodora, fille de cirque et co-
médienne, était hérétique eutychéenne. Cruelle et sanguinaire, lubrique et féroce, à ses dévergondages elle
mêlait des superstitions religieuses. De la même main elle
faisait fumer l'encens et remuait la fange. Son seul nom

(1) DE MAISTRE. Le Pape.
(2) IBIDEM.

semble être l'évocation du mal, et l'un des emblèmes de Byzance.

Un éloquent écrivain montre avec à-propos comment « deux épitaphes résument, dans une brièveté lumineuse, la vie de beaucoup de femmes en Occident et la vie de beaucoup de femmes en Orient », à cette époque remarquable.

En Occident, il nous fait pénétrer dans les galeries des catacombes de Rome, où « une sépulture émeut toujours le visiteur. Cette sépulture, uniquement composée de terre, et, à cette profondeur, présente néanmoins je ne sais quoi d'aérien. Elle renferme parfois le corps de l'une de ces martyres qui, par le sacrifice de leur sang, ont relevé victorieuse, de dessous le talon des tyrannies, la liberté des âmes. Elle contient aussi souvent le corps d'une simple chrétienne romaine. Un fragment de marbre porte l'épitaphe. Cette épitaphe veut-elle exprimer le nom particulier de celle qui est là? Le petit marbre ne le dit pas. Tout ce qu'on sait, c'est que la main qui descendit dans les galeries sacrées la dépouille de la jeune morte, après avoir marqué le lieu de son repos, prit un fragment de marbre, l'appliqua contre l'ouverture, le fixa avec un peu de terre, et, choisissant entre les nouveaux mots que l'Évangile venait d'apporter au monde, y grava ces cinq lettres : *casta*, chaste ».

« Mais voici l'autre épitaphe : une impératrice d'Orient, du nom de Zoé, déshonora le trône des Césars à Constantinople. Elle était tutrice de Constantin VII Porphyrogénète, son fils. Un prétendant se servit d'elle pour monter sur le trône ; et, quand il eut affermi son pouvoir, il fit enfermer l'impératrice dans un couvent, où elle mourut de désespoir. Une main inconnue écrivit sur sa tombe : *Ci-gît une fille de Babylone.*

« Les deux épitaphes, celle de la chrétienne des catacombes, et celle de l'impératrice de Byzance, ont résumé, durant des siècles, la vie morale de l'Occident et de l'Orient. Chez l'un, la chasteté a protégé les berceaux, les foyers et les tombes ; chez l'autre, la débauche les a déshonorés (1). »

Constantinople en s'éloignant de Rome, s'est jetée sur la route de Sodome. Elle a marché ainsi, marquée pour des siècles, du signe de l'apostasie, portant en même temps la double tare de la déchéance morale et de la faiblesse politique. Parmi tous les écrivains qui dessinent la situation de l'Orient, à la date des hérésies victorieuses et du schisme menaçant, il n'en est pas un qui, avec Montesquieu, ne commence son chapitre sans parler de tristesse, de décadence et de pauvreté. Lorsque les historiens montrent Byzance, à partir du sixième siècle, et qu'ils font défiler, sous leur plume, les femmes jalouses, les fourberies d'eunuques, les ambitions de ministres, les rivalités de prêtres apostats, on dirait qu'après une catastrophe, et debout sur les débris d'un monument à moitié détruit, ils font la nomenclature de ses ruines. En effet, l'apostasie de l'Église grecque, en déclarant la guerre aux dogmes et à la morale, détruisait la beauté et

---

(1) Lemann, **La Vierge Marie dans l'histoire de l'Orient chrétien.**

toutes les forces de l'empire. Le pouvoir impérial est déprécié et affaibli. Les monastères sont avilis et transformés en lieux de réclusion contre des adversaires. Les sièges épiscopaux sont souvent occupés par des prélats indignes. La vie sociale est troublée. Le découragement, la paresse, la misère se font le plus désastreux cortège.

Les peuples d'Orient ne forment plus un bloc de force dans l'unité romaine. Ils appartiennent, dans l'indiscipline de leurs croyances, ou à Nestorius ou à Eutychès, et aussi à vingt maîtres différents. Dans leurs querelles ils font provision de la haine qui les divisera jusque dans la servitude.

Quand une nation ne peut plus ou ne veut plus chasser de son sein la guerre civile, l'épuisement et la pauvreté, son indépendance n'est pas loin de sa fin. C'est une grande loi du monde, et peut-être aussi de la justice de Dieu. La nation surtout qui possède un beau territoire, doit garder et entretenir la vigueur de sa main, la santé de son esprit et de son corps, ou sinon, que de temps en temps elle se penche sur son sol, et d'abord le pas lointain et impatient, puis le pas brutal et plus proche de l'étranger envahisseur lui apprendra la législation des peuples. Chaque fois qu'elle n'aura pas le temps de se ressaisir avant l'arrivée de l'ennemi, elle sera perdue.

Voilà ton œuvre commencée, ô schisme! L'invasion étrangère n'a plus qu'à l'achever en venant de loin mettre des chaînes à tous les pauvres chrétiens. Babylone ne les emmènera pas captifs chez elle, non, mais une Babylone, bien plus méchante que celle d'Assuérus, viendra du désert s'installer à la place des chrétiens pour les subjuguer et les réduire. Qu'elle ajoute donc le malheur de la servitude à celui de la corruption des esprits et des cœurs. C'est pour elle que sont jalonnées, depuis la Chaldée et la Perse jusqu'au Bosphore, toutes les routes du pauvre Orient disloqué.

II

Au septième siècle, un homme extraordinaire fut l'Attila qui châtia l'Orient. Comment fit-il? — Aux Arabes, à ces hommes neufs, énergiques, altérés, « dans les veines de qui le soleil d'Orient allumait cette soif de la volupté, la plus brûlante des déserts » (1), le prophète dit : « Les chrétiens sont des idolâtres comme les autres peuples, il faut les exterminer! Violence fait plus que douceur! Prenez leurs biens, leurs moissons, entrez de force dans leurs foyers et faites-y tout ce que vous voudrez! Le glaive, dans cette guerre sainte, est la clef du ciel! Une nuit passée sous les armes vaut plus que deux mois de prières! Celui qui succombe dans la bataille est absous, les cieux lui sont ouverts! Ses blessures sont éclatantes comme le vermillon et parfumées comme

(1) **E. Lami**, La France dans le Levant.

l'ambre ! » Et l'homme qui parlait ainsi, paraissait à tous ses adeptes un personnage surnaturel. Il était irrésistible d'intelligence, d'intrépidité, de séduction et de beauté : c'était Mahomet.

Ses ordres, ses disciples les dépassèrent, ils allèrent encore plus loin que le sang de cette consigne. Mahomet, fondateur d'un peuple, songeait certainement à lui conserver ce minimum de moralité sans lequel le vase de la fécondité est heurté, l'enfance meurtrie et la longévité de la race compromise. Il ne voulut pas corrompre l'Arabe, qui le fut pourtant jusqu'à la moelle de sa chair.

Lacordaire disait justement : « L'Arabe, comme un cheval indompté, a bien obéi à son maître, quand ce maître l'a lancé par le monde, avec un coup d'éperon qui lui promettait la victoire ; il s'est bien jeté, la tête ardente, les jarrets souples, le poil hérissé, pour niveler les peuples sous son puissant passage ; mais, quand il a fallu lui mettre à la bouche le frein de la pureté, il en a broyé les anneaux d'acier, et il s'est trouvé que la doctrine qui le poussait à la conquête du monde, était moins bien trempée que ses muscles et son poitrail (1) ».

Oui, les escadrons arabes, sans aucun frein d'acier, fondirent sur les chrétientés orientales, isolées les unes des autres. Ils tournoyèrent, comme un ouragan, sur la Perse, sur la Chaldée, la Syrie, la Palestine et l'Égypte.

Pendant ce temps, les empereurs de Constantinople étaient aveuglés par la manie des sophismes byzantins.

---

(1) LACORDAIRE, Conférences de Notre-Dame de Paris, 1844.

Ils dépensaient toute leur impériale énergie dans des querelles hérétiques, dans des interprétations de textes, sans pouvoir songer à garantir les frontières de leur empire.

Quatorze cents églises furent incendiées du premier coup. Les flammes de la bibliothèque d'Alexandrie annoncèrent au monde cette perte que les savants pleurent toujours. Ils allaient, ils allaient, ces hommes du désert, et le désert s'avançait partout où ils marchaient. Ils semblaient, en brûlant les forêts et les moissons, vouloir détruire, à jamais, sur le sol, une végétation qui, depuis eux, n'a jamais reparu. Leur main brutale ouvrait les maisons chrétiennes, effrayant toutes les populations dans la plus vive portion de leur honneur.

Leurs âmes portaient, à la fois, dans le même vase de feu, l'orgueil, la violence, le mépris de l'homme, l'impudeur. Leur foi mahométane ne faisait qu'électriser toutes ces fièvres; elle promettait une récompense à leurs violences, et un paradis où ils continueraient la débauche qu'ils menaient ici-bas.

On ne peut concevoir ce que devint l'Orient, sous le rouleau de fer de cette invasion mahométane, et ce qu'accomplirent d'horreurs ces hordes féroces.

Plus tard, l'un des chefs les plus courageux de ces tribus errantes, Saladin, Calife de Bagdad qui, lui, exceptionnellement, avait pris dans le Coran et même pratiqué quelques maximes volées à l'Évangile du Christ, se mourait à Damas. Avant d'expirer il manda deux de ses émirs, leur ordonna de prendre le linceul de sa sépulture, de le porter à travers les rues de la ville en criant : « Ce linceul est tout ce qui reste à Saladin après toutes ses conquêtes ». — O Saladin ! après tes conquêtes, après les envahissements de l'Islam, il restait à l'Orient un autre linceul de mort pour envelopper, dans la même tombe, les merveilleux bosquets de la Babylonie et les cèdres du Liban, les moissons de Chanaan et les sources taries de Galilée, la paix des populations et leur joie de vivre !

Le sombre suaire couvre toujours ces misérables contrées. Il étouffe sous sa teinte grise l'agriculture, le commerce et tout le vêtement de fertilité dont pourraient s'embellir encore des terres claires et chaudes de soleil. Le musulman a gardé, comme un dogme, cette paresse qui répudie le travail de l'agriculture. Il n'accepte que l'activité frénétique du pillage et des massacres. Sur ces collines sans arbres ni verdure, dans ces immenses plaines vides, sur le cours des fleuves célèbres, comme le Tigre et l'Euphrate, partout la terre semble pleurer de désolation. Sa surface calcinée ne porte plus que quelques misérables hameaux de bédouins. Ses sources se sont perdues dans le sol. De ses vieilles cités il ne reste que quelques débris très vieux. Le territoire, couvert de stérilité ainsi que d'une lèpre, se présente mal vêtu comme ses habitants actuels qui ne peuvent porter que des vêtements de pauvreté. Les mendiants de nos rues et de nos villages refuseraient leurs dépouilles.

Il y a encore des noms retentissants pour désigner les provinces célèbres de l'Orient. Malgré leur déchéance, ces nobles spoliées, gardent leurs noms et leurs titres

de noblesse. Pourtant elles ne laissent pas plus soup-
çonner leur opulence native que les momies désséchées
des hypogées d'Égypte ne rappellent l'antique grandeur
des Pharaons. Ce que nous appelons encore la Chaldée,
la Mésopotamie, l'Arménie, l'Anatolie sont des squelettes,
« des momies à la face brune et luisante, et répandant
une odeur aromatique particulièrement âcre (1) ».

Dans l'engourdissement de leurs membres et la fragilité
de leur mémoire, savent-elles, ces provinces, pendant que
des pâtres déplacent, sur leur sol, leurs maigres trou-
peaux, qu'elles ont nourri les peuples les plus célèbres,
qu'elles en ont été le berceau et celui de toutes les
nations, qu'elles ont vu passer et mourir Ninive et l'As-
syrie, Darius et les Perses, les Grecs et Alexandre le
Grand? .... En tout cas, nous savons, nous que, parmi
elles toutes, la plus célèbre, la plus noble, la plus in-
fortunée a possédé le trône de David et les destinées du
peuple de Dieu, qu'elle a entendu la voix des prophètes,
qu'elle a porté la tente d'Abraham et bu le sang de Jésus-
Christ à Jérusalem. Cette province, c'est la sainte terre
de Palestine. C'est elle surtout qui tourne vers l'Orient
la tête de l'Occident très ému de tant de malheurs. Le
nom de Turquie la couvre maintenant de honte, comme
ses voisines.

(1) Lémann, la Vierge Marie dans l'histoire de l'Orient chrétien.

*
* *

Et en Turquie hélas! le chrétien vit encore à côté de son ennemi, de son vainqueur, le musulman. Autour de sa demeure l'incohérence, la suspicion, la délation se donnent libre carrière. Les bons instincts y sont paralysés, les instincts pervers débridés. Quand bien même les pillards des déserts ne le visiteraient pas, il sentirait toujours près de lui les désordres de l'administration turque. Il a sans cesse son « préfet déprédateur, son collecteur d'impôts rapace, implacable, son juge concussionnaire, trois variétés de brigands (1) », de brigands plus pernicieux que ceux de la Calabre, ou de l'Attique. Ceux-ci du moins, ont pu être poursuivis par les lois, et châtiés quand la justice s'en emparait. Ceux de la Turquie, comme tous ses fonctionnaires de désordre, sont officiellement protégés. Le fonctionnaire turc est un serviteur que l'État ne paie pas souvent. Mais il a l'autorisation tacite et entière de se rétribuer aux dépens des administrés. De ses ongles il torture les chrétiens, arrachant les derniers deniers à ces indigences qui sont alors tout en larmes, en larmes silencieuses. Le chrétien volé, battu, emprisonné sans motif, a cessé de savoir se plaindre et s'indigner. S'il n'est pas le protégé direct d'un consul d'Europe, sa plainte lui retombe le plus souvent sur la tête en horrible punition. Il n'est pas chez lui et il le sait.

(1) A. VANDAL, **Les Arméniens et la réforme de la Turquie.**

On pourrait m'accuser de trop assombrir mon portrait de la Turquie si je ne m'expliquais mieux : il y a eu des éclaircies de modération et de justice dans les gouvernements turcs. Tous les sultans ne sont pas également voués aux fouets de l'histoire. Dans les temps de paix, les Musulmans, considérés comme individus, ont parfois, même très fréquemment, une noblesse de caractère qui dépasse de beaucoup le régime gouvernemental. Les Turcs eux-mêmes, ceux qui ne sont pas fonctionnaires, gardent un naturel agréable, honnête, quand ne les excite pas l'horrible colère apostolique, à retours trop nombreux. Il est vrai aussi que les chrétiens oppressés ont perdu la moitié de leur cœur, de leurs qualités, de leur franchise, dans le servilisme où ils sont réduits. Leurs défauts proviennent de tous leurs malheurs accumulés. Cependant les braves gens d'Europe qui avaient hier l'exquise générosité de les leur reprocher, eussent bien fait de choisir, pour médire d'eux, une autre heure que celle où il était *officiellement* constaté que l'Arménie chrétienne était gisante à terre, assassinée par les fils de l'Islam.

Je connais les douceurs de l'hospitalité mahométane donnée à certains voyageurs dans les grandes villes de Turquie. J'admire, dans ce pays, bien plus qu'ailleurs, l'honnêteté des individus quand elle existe, quand elle peut réagir contre l'état endémique d'un arbitraire féroce, quand cette fleur apparaît à travers les cendres, sur cette terre d'incendie. Tous ces aveux ne peuvent m'empêcher de constater l'œuvre générale de l'empire mahométan et les traits rouges de son histoire. Napoléon Ier disait que « le Turc était l'opprobre de l'humanité et que s'il le pouvait, il le supprimerait ». Et Montesquieu écrivait, à propos du despotisme des Sultans : « On ne peut parler sans frémir de ces gouvernements monstrueux (1). » Avec ces deux témoignages je puis avancer sans trop craindre les objections.

Pauvres chrétiens! Pauvres chrétiennes d'Orient! Combien de fois, depuis le fait accompli de cette horrible invasion de Mahomet, n'avez-vous pas taché de votre sang ces sombres déserts que sont devenus les territoires de vos patries, territoires plus souvent gonflés de cadavres que de moissons nouvelles?

C'est l'absinthe la plus amère, qui a préparé vos lèvres schismatiques à confesser vos erreurs. Vos conversions nombreuses s'expliquent bien.

Par intervalles assez rapprochés, hélas! les fils de Mahomet, sentant se réveiller en eux le vieil esprit turc, avec tout son fanatisme, se mettent à parcourir, les armes à la main, ces régions appauvries, où celui qui ose ensemencer n'est jamais sûr de la récolte. Et alors, ils dévastent encore et ils assassinent, comme des êtres jaloux de faire tomber les bourgeons et d'arrêter les vies humaines. En 1895, c'était donc le tour de la malheureuse Arménie. M⁣ᵍʳ Charmetant fit alors le récit de ces massacres. Son éloquence et sa douleur émurent la charité, la pitié de la France. Une souscription, pour ainsi dire nationale, répondit à son appel. Il y avait tant de

---

(1) Montesquieu, L'Esprit des lois, livre III, ch. xi.

désolation à narrer, dans notre Bulletin, les massacres
dont l'Arménie fut ensanglantée, qu'un jour, à Paris, un
brave ouvrier de la Villette vint frapper aux bureaux
de *l'Œuvre d'Orient*. Il apportait pour les orphelins,
fils des égorgés d'Arménie, 10 francs, le quart du gain
de sa semaine! « Mais, dit-il, je ne peux plus lire les
malheurs de ces chrétiens orientaux, cela me fait mal.....
ne m'envoyez pas votre Bulletin; quand je le pourrai,
je reviendrai vous apporter encore une offrande. »

Une comparaison me poursuit avec une persistante obs-
tination. Quand le voyageur avance, par la mer, vers
Constantinople, capitale de l'empire turc, il est tout à
coup saisi de la plus forte, de la plus bouleversante,
mais aussi de la plus délicieuse émotion. Le bateau
qui le porte, termine la traversée de la mer de Marmara, dont les blanches rives se rapprochent enfin et
vont se fermer en avant, dans un gracieux contour. A
droite, se font admirer les îles des Princes, si joliment
teintées de rouge sous le vent du midi. A gauche, Stamboul, la ronde colline, le vaste dôme couvert de maisons
et couronné par les coupoles de la basilique Sainte-
Sophie. Et puis, par un bras de cette mer de Marmara
que quitte le voyageur, il pénètre à travers d'autres collines où s'étagent innombrables, les tours et les minarets,
les palais et les villas. Un port immense s'ouvre subitement derrière Stamboul. C'est la Corne d'Or, couverte
de navires et des aiguilles légères de leurs mâts. Souvent
une brume très légère et étincelante domine le port au
ras des mâtures de vaisseaux. Elle cache ainsi, et fort

heureusement, dans un éclairage indécis de demi-jour, les affreux chalands que traînent, sur l'eau bleue, des Turcs en guenilles. Le soleil, que ce soit celui du matin, celui du plein midi, ou celui du couchant, verse des roses, des feux, des scintillements sur cet ensemble. Le saphir des flots du Bosphore, les vives couleurs des maisons, le vert des tamaris et des pins parasols mêlés aux habitations, se marient superbement, sous cette lumière, jusqu'à l'exaltation des yeux et du cœur. Ce spectacle, Lamartine le disait unique au monde. La voilà donc la Constantinople de saint Jean Chrysostome, voilà la ville catholique devenue Byzance de Théodora et enfin Stamboul des Turcs! La voilà dans toute sa plendeur!

Mais alors, me direz-vous devant cette merveille, ce n'est pas vrai ce que vous affirmez, ce qu'affirmait Lacordaire, à savoir que « la tyrannie de Mahomet en touchant le sol, a tari toute vie, toute végétation, a éteint des beautés qu'on croyait sous la protection éternelle de la plus pure lumière qui ait éclairé la création (1) ».

Parfaitement, c'est vrai que le Turc de Mahomet a tout dévasté et tout ruiné. Pour vous en rendre compte, ô voyageur! descendez du bateau qui vous amène, entrez dans cette ville dont la dorure extérieure vous a frappé... Partout la désolation, partout des rues tortueuses bordées de boutiques grotesques; ici de hideux carrefours aux pavages défoncés et sordides; en tous sens les murs décrépits parlant de misère et d'incurie; des troupes

(1) LACORDAIRE, Conférences, année 1849.

de chiens errants n'appartenant à personne mêlés à une populace de loqueteux. Vous avez passé du ciel à l'enfer. C'est la désillusion! Et vous en viendrez, de vous-même, sans regarder plus loin, par delà le cadre de la ville, à haïr cette race qui a ainsi abusé des dons de Dieu en n'apportant que la malpropreté, la paresse et la déchéance dans le plus merveilleux site de l'univers. Il en est ainsi sur toute la surface de la Turquie. Et n'était le soleil qui, de sa prestigieuse lumière, peut donner de la beauté même aux régions sans culture et sans vie, l'Orient tout entier ne serait qu'une ruine, dépourvue de tout attrait pour les yeux. D'ailleurs, ce soleil d'Orient produit des contrastes singuliers entre les lointains et les approches. Ainsi, vues de la mer, les villes maritimes de l'Asie Mineure semblent coquettes et luxueuses dans leur pure blancheur; vues de près, elles n'offrent que des masures jetées sans ordre. Nulle part comme là, les montagnes et les collines ne se déploient au loin, avec plus d'harmonie, nulle part elles ne paraissent, plus arides et plus nues à l'œil qui avance. Nulle part la terre n'a des teintes aussi variées, aussi changeantes avec une incomparable franchise de couleurs, nulle part ces couleurs magiques ne s'évanouissent aussi promptement à mesure que vous touchez ce sol sec, abandonné, pierreux ou figé de stérilité et de sommeil.

III

En explorant tous les coins de Constantinople déchar-
née, rien ne vous consolera de votre tristesse.

Cependant, à cet ennui je veux faire diversion, vous apporter une espérance en vous montrant, sur le Bosphore,
un navire de guerre français, dont le pavillon tricolore
claque au vent toujours alerte qui traverse toutes ces
collines. Sentinelle armée, il paraît veiller et monter la
garde à la porte de cet empire malade et agité, dont les
secousses sont redoutables aux chrétiens. Les grandes
puissances du monde, nos vieilles envieuses, ont, elles
aussi, je le sais bien, leur navire de surveillance devant
Constantinople. Bien plus tard venues que la France, en
Orient, elles réclament sans trêve des droits pour elles;
mais aussi elles ne cessent de jalouser les nôtres qui
nous créent une prééminence très haute sur le reste de
l'Europe.

Les nôtres ont d'abord la primauté de l'ancienneté, ils
nous viennent des Croisades; ensuite la primauté des
traités signés par le Sultan et les nations, et enfin la primauté de l'évangélisation catholique, car ils s'exercent
par la protection des catholiques et se développent par
le retour à l'Église romaine, des chrétiens schismatiques
d'Orient.

Le savons-nous? Connaissons-nous quels impérieux

devoirs et quels grands intérêts obligent les Français à se maintenir dans le Levant, et à relever, sur les bases des vieilles assises, les ruines d'âmes dont le schisme de Byzance et la fureur mahométane ont couvert ce pays?

La France, par l'action ordinaire de son ambassadeur de Constantinople et de ses consuls du Levant, exerce un droit de protection et un droit de patronage sur les communautés catholiques et sur les groupes catholiques orientaux. Par ce fait, toutes les questions qui les concernent diplomatiquement sont des questions françaises. Cette protection exercée par nous ne dépend pour ainsi dire plus de notre bon plaisir. Il s'agit d'une signature donnée. Où sont-ils ceux qui voudraient ou pourraient effacer la vieille signature de la nation?

Les Turcs, comme leurs frères de religion les Arabes, ont toujours reconnu aux Français une supériorité de courage militaire, de noblesse et de désintéressement. Je fournis non pas une affirmation de chauvinisme, mais la constatation d'un fait certain.

Cette fascination de leurs âmes, devant nous, s'expliquait après Charles Martel et les Croisades, et même après toutes nos autres gloires historiques.

Au surplus, l'Église qui n'a jamais désespéré des chrétiens d'Orient, ne pouvait plus, à partir de Luther, confier à l'Allemagne et à l'Angleterre hérétiques le soin d'une croisade, surtout d'une croisade apostolique en faveur de leurs âmes. Diverses autres circonstances, sous François Ier, ont poussé la papauté à se servir, pour protéger ces chrétiens, de l'épée prosélytique de la

France. L'Église gardait son espoir tourné vers la grande nation orthodoxe.

Vers 1535, après des pourparlers diplomatiques qui aboutirent à notre triomphe, fut établie la base de notre protectorat d'Orient :

François Ier et le Sultan de Constantinople, comme les représentants de deux nations en armistice, s'entendirent. Ils conclurent des traités qui accordaient aux chrétiens de l'empire ottoman à peu près le bénéfice de l'exterritorialité.

Dans le prologue de ces fameux traités, appelés *Capitulations*, nous lisons de nombreux articles dont les phrases suivantes ne sont que le résumé :

« Alliance est accordée par le Sultan au roi de France, des plus grands princes chrétiens le Majeur. — La préséance est donnée aux ambassadeurs de ce roi, sur les ambassadeurs des autres nations. — Les Français de Turquie sont gouvernés, au nom de leur souverain, par des consuls. — Les Français et les chrétiens, amis des Français, auront liberté sous la bannière de la France. »

Les Papes acceptèrent avec joie le fait acquis de ces conventions, et regardèrent nos ambassadeurs en Turquie, comme les ambassadeurs du Saint-Siège. Ainsi, les missions catholiques devinrent chose française. Ces privilèges, encore augmentés par la suite, nous obtinrent, en Orient, une véritable royauté morale.

Si une paralysie de déshérence a atteint, peut-être, une portion de ces droits par rapport aux chrétiens schismatiques, nous gardons toujours étroitement le protectorat sur les chrétiens catholiques. Et plus leur nombre augmente, et plus grandit notre domaine oriental, puisque notre domaine c'est le catholicisme. Toutes les communautés religieuses travaillent, en prêchant l'Évangile, et pour l'Église et pour nous. De quelque pays qu'elles viennent, d'Espagne ou d'Allemagne même, le Pape ne leur permet point d'avoir d'autre ambassadeur que le sien qui est le nôtre, qui est celui de France. C'est ce qui explique la réalité du mot d'un homme d'État de l'empire ottoman, disant « que les missionnaires font toujours germer la France sous leurs pas ». La certitude que la France ne germe pas sur une terre étrangère pour accaparer et conquérir, mais pour affranchir, doit rassurer suffisamment le patriotisme personnel et légitime des Allemands, des Anglais ou des Italiens catholiques, qui s'intéressent aux missions d'Orient.

Ainsi donc, à la France politique de garder libre le chemin des pèlerinages vers le tombeau de Jésus-Christ.

A la France politique d'empêcher les empiétements des Grecs schismatiques dans l'église du Saint-Sépulcre d'où ils voudraient exclure le catholicisme. Cette revendication fut, contre les Russes, l'un des motifs de la guerre de Crimée.

A la France d'être l'avocat, le tuteur puissant des catholiques de rites différents dont les affaires auprès des Sultans deviennent nos affaires.

A elle d'écarter, avec son glaive s'il le faut, l'extermination, quand l'implacable mahométan recommence à en menacer les communautés et les catholiques. Que de malheurs n'a-t-elle pas évités !

A elle d'accueillir partout, en Orient, sur les plages d'Égypte comme sur celles de Syrie, nos religieux et nos religieuses.

A elle de présenter, en quelque sorte, aux misères orientales, sur tous les chemins de Jéricho, ces Samaritaines des blessés, des malades et des pauvres que sont les Filles de la Charité.

C'est la France qui, officiellement, avec son consul général, préside, tous les ans, lors de la semaine sainte, dans Jérusalem même, au déploiement liturgique de ces célèbres cérémonies qui rappellent exactement ce qui se passa sur cette voie empierrée, à cette montée douloureuse, quand le peuple déicide conduisit Jésus-Christ à la flagellation, au couronnement d'épines, et enfin à ce roc où fut plantée la Croix, à ce Golgotha qui est bien là, très triste, dominant toujours la ville, plus triste encore. Pendant que se déroule, derrière la France, la procession de ce sensationnel Chemin de la Croix, la cité est plus muette que de coutume. Les quarante mille Juifs qui l'habitent, gardent un profond silence ; « l'imagination, dit quelqu'un, croirait entendre seulement tomber des gouttes de sang : *Que son sang retombe sur nous et sur nos enfants*» .

Pardonnez-moi cette digression, mais nous sommes en voyage, nous venons de passer devant le Calvaire, et je défie tout passant chrétien de ne pas le saluer de son adoration.

C'est bien notre chère patrie dont les représentants diplomatiques entourent d'honneur et de respect les Lieux Saints et les catholiques. En déployant sa vieille bannière sur ses droits, elle défend les droits du Saint-Siège sans lesquels les siens seraient presque anéantis.

La tâche est déjà belle pour notre nation, de tenir une garnison de surveillance sur des terres couronnées des souvenirs les plus sacrés. La vocation est noble d'avoir à protéger les libertés religieuses dans l'empire ottoman.

Il nous plait de voir la France s'agenouiller sur le pavé du Saint-Sépulcre en nous gardant le loisir de le faire. Il nous est agréable de la rencontrer sur le Bosphore, avec, dans sa main encore jeune, son épée si douce à ses amis. Cette épée aidait, en 1827, à l'émancipation, à la délivrance de la Grèce. En 1860, elle sauvait les Maronites du Liban dont 30.000 de leurs frères venaient d'être massacrés. En 1862, elle prenait la défense des Zeïtouniotes, dans la petite Arménie. Les lointains reflets de ce glaive, sur les sables du désert, ont souvent rassuré les chrétiens d'Orient ; mais ce n'est pas tout.

*
* *

Je veux vous placer maintenant devant la France religieuse, initiatrice, semeuse d'idées, sur ces terres dévastées. Je veux vous la montrer, sur ces ruines orientales, établissant, sans repos, des chantiers de reconstruction pour redonner aux chrétiens schismatiques d'Orient leur honneur et leur foi, leur indépendance d'esprit et leurs églises devenues fières et libres, c'est-à-dire catholiques.

Je veux vous la montrer infirmière attentive de 100.000 malades, maîtresse d'école auprès de 80.000 enfants et éducatrice de prêtres indigènes et d'ouvriers professionnels.

Il y a quatre ans, j'étais à Constantinople. Presque à la descente du paquebot, une religieuse de saint Vincent de Paul me faisait visiter, dans la ville, son orphelinat de garçons. Sur le seuil de la maison, nous croisâmes un tout jeune enfant. La religieuse me dit : « Parlez-lui français, il vous répondra ». Et, au moment où l'enfant fixait sur les miens ses yeux naïfs : « Qui es-tu, lui demandai-je ? » — « Je suis le petit Henri de maman Guerlin. » Maman Guerlin, c'était le nom de la supérieure. « Et quel est ton pays ? » — « Mon pays, c'est... c'est la France. » Les parents de cet orphelin, la religieuse me le raconta, étaient des Arméniens chrétiens schismatiques. Ils furent, comme dix mille autres chrétiens sans défense, assommés par les Turcs, dans les rues de Constantinople, lors de la boucherie de 1896. Les assassins, très pressés, arrachèrent de leur demeure le père et la mère, ils oublièrent un enfant, un nouveau-né, perdu dans des langes, et c'était celui qui était devant moi, dans l'un de nos asiles français du Levant. « Mon pays, disait-il, c'est la France. » Il ne se trompait pas, car l'Arménie turque, où règnent les mahométans, n'est pas une patrie. Est-ce une patrie, cette pauvre terre, où, par intervalles, les récoltes sont incendiées, les églises pillées, les tombeaux renversés, cette province où cent mille victimes tombèrent sanglantes dans les massacres d'il y a huit ans? A ces infortunés, à leurs orphelins, à tous leurs enfants, l'Église a donné des mères : « Je suis le petit Henri de maman Guerlin ». Elle leur a indiqué une patrie, choisie entre toutes celles d'Europe, c'est la France.

Si les Orientaux sont demeurés fiers de la force de cette patrie occidentale, ils aimaient avant tout sa douceur; s'ils ont besoin de sa fermeté diplomatique, de sa puissance, ils boivent surtout le lait de sa tendresse maternelle.

Les Sœurs de saint Vincent de Paul et vingt autres de nos ordres religieux de femmes, installés un peu partout, en Turquie, représentent la miséricorde française. Cette bienfaisance célèbre tient maintenant, on peut le dire, un sceptre de royauté sur les pauvretés du Levant. Elle les admet dans nos hôpitaux, nos dispensaires, nos refuges de vieillards et d'enfants trouvés. Il n'y a pas charité plus touchante peut-être que celle de nos nombreux dispensaires, où, à des jours et à des heures déterminés, les Orientaux blessés et souffrants viennent au rendez-vous fixé par nos religieuses qui les attendent. Il en arrive des quatre points de l'horizon. Ils apportent là leurs plaies, leurs chancres, leurs paupières sanglantes ou leurs membres brisés. Ils reçoivent des soins, emportent des remèdes, et reviennent.

La Sœur de Charité non seulement appelle dans sa

maison les pauvretés et les maladies, mais encore, par l'œuvre des visites à domicile, elle va elle-même les trouver. Elle sait pénétrer dans des réduits effrayants où gisent, sur des nattes, les infirmités et les douleurs qu'elle cherche à guérir.

Et encore, que d'enfants qui, sans elles, n'auraient jamais connu les caresses d'une mère! Que de vieillards consolés avant la mort! En ces pays, la vieillesse de la femme surtout est si lourde et si abandonnée!

Si les éducateurs protestants allemands et anglais, si les schismatiques russes ont obtenu des résultats en rivalisant avec nos écoles d'enseignement, particulièrement avec celles de Palestine et de Syrie, ils n'ont pas encore pu imiter convenablement notre geste de charité. Bien vite ils ont épuisé leur effort jaloux. Faire de la souffrance des autres un objet d'amour, élever le mendiant sur l'autel, arrêter ses atroces saignements, regarder ses plaies comme saintes, est un ministère réservé au catholicisme. Comme il ne trouve son salaire que dans des croyances précises, le dilettantisme luthérien ne peut en supporter le fardeau. L'argent de Londres ou de Philadelphie ne suffit pas.

Sur ce terrain de la charité, notre victoire est indiscutable. Notre triomphe a une portée capitale; car le plus étroit contact avec la multitude est le contact avec ses douleurs, surtout quand elles sont intolérables.

Après avoir soigné, consolé les innombrables abandonnés de ces terres de malheur, il nous sera plus facile de les enseigner dans la vérité religieuse.

La conviction qu'une parole fait entrer par des yeux pleins de larmes, pénètre plus profondément dans l'âme, et là-bas, les yeux des hommes semblent moins faits pour la lumière que pour pleurer.

Les musulmans, comme les chrétiens schismatiques, sont l'objet de ces soins de nos chères religieuses d'Alexandrie, de Jérusalem, de Smyrne, de Constantinople, etc.

*
**

L'activité de la France maîtresse d'école, en Orient ne se repose pas plus que l'activité de la France hospitalière.

Nos 1.500 groupes, nos 5.000 écoles illuminent çà et là des intelligences fermées, en préparant à ces indigènes, par une éducation européenne, une situation et un avenir. L'enseignement supérieur, l'enseignement moderne et l'enseignement primaire sont offerts par nous aux diverses classes de cette société si bigarrée pas ses nationalités variées. Nos écoles consacrent notre influence prépondérante. Elles apprennent notre propre langue dont les syllabes patriotiques résonnent si doucement aux oreilles de tous les voyageurs français. Ils sont étonnés, en Égypte, en Asie Mineure, d'être à la fois si loin et si près de la France. C'est bien la patrie apprise par ces enfants, enseignée, incarnée quelque peu dans ces âmes, dont nous entendons le langage dans les rues, dans les magasins et dans les bazars.

Il s'expliquera ce phénomène, le voyageur, quand il rencontrera les Frères des Écoles chrétiennes, les Jésuites, les cornettes françaises de nos religieuses mêlés, avec leur habit si national, aux tarbouchs rouges et aux costumes des Orientaux.

Aucune monarchie, aucune république n'a envoyé en Orient une armée aussi glorieuse.

Les disciples de saint Ignace comme ceux du cardinal Lavigerie, ceux de saint François d'Assise, comme ceux de saint Vincent de Paul, ont équipé les régiments de cette croisade moderne.

Ces régiments ont pour but d'abord de civiliser, d'attendrir, d'éclairer les âmes, pour les reprendre ensuite au schisme et à Mahomet.

Ils s'en vont, sur les décombres de Byzance et de Stamboul, ramasser, avec d'infinies précautions, des débris d'âmes dont le misérable état fait gémir l'Église. Ils préparent une résurrection, quand bien même l'annonce n'en devrait tinter qu'après eux, morts à la peine, sous un soleil de feu.

Ils bivouaquent, en plein cœur des cités, à Bagdad, à Mossoul, à Laodicée, à Beyrouth. Les remparts qui les arrêtent, ne sont plus les lourdes murailles de Saint-Jean d'Acre, mais bien les incompréhensibles et muets préjugés contre l'Église catholique de ces schismatiques, mais bien l'inertie énigmatique de ces êtres que les coups semblent avoir rendus impuissants à toute croyance précise.

Pourtant j'ai appris, dans le noble cœur de Mgr le

Directeur général de l'*Œuvre d'Orient*, quelle estime et quelle affection méritent, malgré tout, ces chrétiens séparés de l'Église. En effet, avec lui, je me pose ces questions de claire comparaison : — Que deviendrait le catholicisme chez nous, si, des siècles durant, notre foi était outragée par des envahisseurs aussi sanguinaires que les mahométans l'ont été dans le Levant? — D'autre part, où seraient allées nos croyances et nos vertus, si elles avaient subi des sollicitations autrement puissantes que celles de nos sociétés secrètes qui, non sans succès pourtant, nous appellent maintenant à l'irréligion? — L'indifférence léthargique de certaines de nos populations ouvrières leur aurait-elle permis de confesser leur baptême, comme l'ont confessé, en Arménie, des milliers de chrétiens orientaux, en 1896?... A ces sceptiques qui doutent de la valeur des âmes orientales, je confie la réponse à mes questions.

Pour avoir conservé la pureté de vos croyances, votre fidélité au Saint-Siège, ô Syriens maronites! pour avoir encore votre front marqué du signe de la croix, ô pauvres chrétiens schismatiques! vous êtes dignes de nos respects étonnés et attendris. Puisque vos âmes nous appellent, nous accourons.

⁂

« Saint Paul, disait Lacordaire à Notre-Dame de Paris, étant sur les ruines de Troie, vit en songe un Macédonien

qui se tenait debout, et qui le priait : « Passe, lui criait-il,
« passe et viens à nous ! »

« Ce Macédonien, c'est l'humanité tout entière, sup-
pliante de Dieu, lui demandant la vérité, et saint Paul,
c'est nous tous qui croyons comme lui, qui avons reçu,
comme lui, les prémices de l'esprit de vie et d'amour.
Aujourd'hui, comme alors, couché sur les ruines de Troie,
cette vive image de la désolation du monde, le Macédonien se dresse devant nous, il nous prie debout,
car il est pressé : Passe, nous dit-il, passe et viens à
nous. »

« Et si la crainte du dévouement nous retient, si les
labeurs, les voyages, la faim, la soif nous effraient, Dieu
nous dit comme à saint Paul, dans un autre songe, dans
le songe de Corinthe : « N'aie pas peur, parle et ne te tais
« pas, car j'ai un grand peuple à moi en cette ville (1). »

Le cri du Macédonien retentit toujours, dans l'Église,
quelles que soient ses préoccupations intérieures. Ce
n'est plus le Macédonien d'Europe qui dit à Paul de quit-
ter l'Asie pour venir vers l'Occident, c'est celui d'Asie,
au contraire, qui maintenant réclame les apôtres de l'Occident. Au fond de la Méditerranée, dans la large clarté
de ces horizons où ont passé Babylone, les patriarches,
les prophètes et Jésus-Christ, la silhouette du Macédonien se dresse et, avec des supplications infinies, elle dit
à la France : « Passe, passe et viens à nous. »

Plus de trois mille religieux ont plus spécialement

---

(1) **Lacordaire.** Conférences de 1844.

entendu cet appel. Leur recrutement sacré s'est achevé hier, à l'heure de la persécution qui exile.

En ce moment, pas une des provinces orientales n'est dépourvue de ces mandataires de la France.

Les Chaldéens-Nestoriens, les Jacobites, les Arméniens, les Syriens, les Coptes, etc., ont « des Sœurs », « des Frères » et « des Pères » qu'ils affectionnent.

Les catholiques indigènes ont augmenté leur nombre par des conquêtes nouvelles. Dans leurs rangs il y a aussi des apôtres, imitateurs fidèles des nôtres. Ils savent provoquer les retours de leurs frères de langue et de race. Les conversions viennent de gagner les Nestoriens de la montagne, elles peuvent atteindre, dans un grand mouvement, les Chaldéens qui promènent leurs pauvres tentes dans les solitudes de la plaine.

A l'heure actuelle, malheureusement, nos missionnaires, se nourrissant eux-mêmes à grand'peine, sont arrêtés dans leur marche progressive, parce que leur charité, qui tire ses armes de nos générosités, est sans ressources. Ils joignent leur éloquente requête à celle des indigènes, ces pauvres êtres qui manquent de tout. Quelle lutte ardente ne leur faut-il pas soutenir contre cent ennemis !

Dans l'histoire des croisades de Michaud, j'ai lu le trait que voici : Le roi de France, le roi croisé, Louis VII, eut un jour, en Syrie, tous ses chevaliers tués autour de lui, dans un combat sanglant. Il était en un défilé étroit, entre deux montagnes. Sa vigueur, son agilité lui permettent d'atteindre promptement une roche élevée. Là les flèches des Sarrasins se dirigent toutes vers le roi, vers cette cible vivante, mais elles ne peuvent percer la cotte de mailles forgée à Paris. Debout sur son rocher, « ainsi qu'une tour de guerre, » Louis VII éloigne de lui les têtes et les bras qui l'assiègent. Son courage demeure enfin victorieux du fanatisme et du nombre.

Je vois là l'image de notre protectorat, de nos droits politiques et de nos missions en Orient. La France lutte effectivement contre des ennemis nombreux. Les Anglais, les Allemands, les Russes assiègent nos positions conquises. Leurs écoles, leurs établissements envahisseurs voudraient découronner les nôtres de leurs succès d'attirance. Ils voudraient auprès de ces âmes orientales faire accréditer leurs fausses religions et leur drapeau. Oh! qui donc écartera leurs mains pleines d'or et de perfides promesses? Qui donc sauvera la France assaillie dans un défilé? Votre charité, Mesdames, vos deniers qui lui forgeront cette cotte de mailles impénétrable. Elle sera en même temps, le rocher sur lequel, en combattant, notre nation pourra attendre la victoire. Vous y gagnerez, pour la patrie, un saint orgueil que n'eurent pas toujours les croisés.

Richard Cœur de Lion, n'ayant pas su reconquérir Jérusalem au fameux Saladin, n'osait pas regarder du côté de la Ville sainte. D'aucuns prétendent qu'un jour, ce fut son cheval, qui, en caracolant, le tourna, malgré lui, vers les horizons bénis, et aussitôt il baissa brusquement la visière de son casque de fer. Il eût voulu chanter le *Lætatus sum in his quæ dicta sunt mihi...* dans l'enceinte même de la cité de David. Il ne pouvait pas, il en avait honte.

Si la France se laissait expulser de Jérusalem et de Constantinople par le schisme moscovite, par le luthéranisme de Berlin et de Londres ; si la France politique, égarée et ensorcelée par ses querelles intérieures, reniait son protectorat sur les catholiques et qu'elle ramenât son drapeau du Bosphore et de tout l'Orient ; si la France religieuse refusait son appui, son attention et son argent à ses missionnaires, notre place serait promptement occupée. Ce ne seraient pas simplement des missions apostoliques que nous perdrions, mais nous perdrions des coins de terre qui sont plus à nous qu'aux autres nations, nous déserterions, en Asie Mineure, de multiples parties que nous pouvions étoiler de nos trois couleurs, nous abandonnerions des forteresses où nous avions des clients précis et une influence diplomatique séculaire. Nos places évacuées seraient aussi vite occupées par nos adversaires que le sont, en temps de guerre, les places perdues par l'armée vaincue devant l'armée envahissante. Dire que les missions hérétiques ou schismatiques anglaises, allemandes ou moscovites remplaceraient les nôtres, serait employer une formule insuffisante, car toute l'Angleterre, toute l'Allemagne, toute la Russie livrent la lutte avec leurs forces disponibles. Si pareil malheur survenait, quelle confusion nationale ! Mais alors, la France, descendue politiquement, un peu plus bas dans la hiérarchie des peuples, ne pourrait plus se tourner vers Jérusalem sans y voir ses rivales hérétiques assises au banquet préparé par nous et consommé sans nous, sans avoir honte, et sans baisser, comme Richard Cœur de Lion, la visière de son casque. Elle n'aurait plus qu'à panser la blessure que ce grand coup lui aurait faite à travers sa vieille cotte de mailles. Elle n'aurait plus qu'à laisser tomber une portion de plus de son armure.

D'aucuns, il est vrai, prétendent qu'au lieu de laisser à la France une armure, il vaudrait mieux la revêtir d'une tunique inoffensive et la présenter ainsi à l'Europe bardée de fer et toujours réveillée par les clairons incessants de tous ses corps d'armée. Il y a même déjà, dit-on, des mains occupées à la tisser avec un artifice diabolique, cette tunique du ridicule.

La France, selon eux, est trop guerrière, et surtout trop apostolique. Ces ennemis du prosélytisme français, prosélytes eux-mêmes, enseignent, ô logique ! un catéchisme nouveau. Que ne vont-ils, d'abord, ces beaux apôtres aux pieds lourds, le prêcher à Londres et à Berlin?

Deux dangers peuvent menacer notre protectorat en Orient, un abandon politique, c'est-à-dire le retrait de notre drapeau sur toute mission catholique, ensuite l'abandon des œuvres qui soutiennent nos missionnaires comme votre main soutient, avant de le laisser tomber, le denier de vos offrandes.

Nos discussions intestines, espérons-le, ne franchiront pas nos frontières. Elles sont si sacrilèges et irréparables les querelles, quand, pour elles, sont sacrifiées les frontières éloignées du pays ! Elles n'iront pas, jusqu'au seuil de nos missions, essayer de montrer à l'étranger qu'il y a deux Frances et que celle des missionnaires n'est pas la vraie.

.*.

Et vous, Mesdames, vous ne perdrez pas de vue, qu'une obole catholique produit cent pour un, car elle aide le missionnaire à semer la charité française et à faire germer l'apostolat français, deux semences extrêmement fécondes.

Lui, le missionnaire, à l'étendue des ruines sur lesquelles il travaille, il voit la splendeur détruite de l'édifice catholique en Orient. Son cœur est enflammé par cette vision constante des brillantes chrétientés ruinées par Byzance et par Stamboul. Il sait qu'il sert l'Église en lui gagnant des âmes, et qu'il sert la France en lui gardant ses clients.

Son invincible désir est de continuer à solliciter la résurrection des âmes perdues. Ses premiers succès font battre plus fort son cœur. Sur ces terres où les forêts sont brûlées, les sources perdues, où toute vie morale et matérielle semble égarée, lui et son successeur dissiperont, croyez-le, l'engourdissement des chrétientés orientales, ils réveilleront de leur sommeil involontaire, les âmes et les champs de l'Asie Mineure. Ce sont les espérances de l'Église. Sachons associer à ces espérances les intérêts de la France. Attachons-nous à ce qui dure.

Dans le passé, nous voyons notre nation retirer beaucoup d'avantages des services rendus par elle à l'Église. Dans l'avenir, la lueur montante de l'histoire nous montrera aussi l'opportunité de nos missions catholiques pour la grandeur de notre pays.

TYPOGRAPHIE FIRMIN-DIDOT ET Cⁱᵉ. — MESNIL (EURE).

www.ingramcontent.com/pod-product-compliance
Lightning Source LLC
LaVergne TN
LVHW010411060726
842526LV00005B/1631